AF243219

LES MOEURS,

SATIRE III.

PAR VICTOR CAMPAGNE.

Mais la corruption, à son comble portée,
Dans le cercle des grands ne s'est point arrêtée ;
Elle infecte l'empire, et les mêmes travers
Règnent également dans tous les rangs divers.

GILBERT.

A PARIS,

CHEZ MARET, LIBRAIRE, COUR DES FONTAINES,
Et chez tous les Marchands de Nouveautés.

L'AN VI DE L'ÈRE FRANÇAISE.

A V I S.

L'amour de la vérité, celui du bonheur public m'ont fait entreprendre cette Satire, et non le desir lâche et bas, l'imbécile orgueil de me bâtir une réputation aux dépens de quelques victimes, immolées dans mes vers. L'indignation m'a donc mis la plume à la main. C'est en moraliste fortement convaincu des principes éternels de la justice et du bon ordre social, que j'écris. Loin de moi la recherche du bel esprit, ces bons mots puériles dont le ridicule n'a aucun but. C'est au vice audacieux que je m'adresse, c'est lui que je combats, c'est lui que je veux détrôner.

Les femmes ont tout l'empire en France, elles sont les idoles et les charmes de la société. Eh bien! ce sont elles que j'attaque ; j'ose au milieu de leur cour, au faîte de leur pouvoir, leur crier la vérité, et leur prononcer leur arrêt. —

Les mœurs, l'ame et le ressort des états, sont la source de toutes les vertus; leur corruption, principe de la dissolution politique, est la source de tous les vices et de tous les crimes. La présence des femmes dans la société corrompt les mœurs ; donc les femmes par les usages et les lois doivent être retenues au sein de leur ménage (1). Voilà ce que j'essaie de prouver.

---

(1) Beaucoup de gens se trompent et prennent les usages pour les mœurs : chez certains peuples, tels que les Grecs et les Romains, les usages conservoient les mœurs ; chez les Turcs, les Persans, les Chinois, ce sont les lois, toujours plus puissantes que les usages. Quand l'opinion a détruit ceux-ci, il faut leur substituer des lois sévères, qui finissent par ramener l'empire des usages. Chez les Occidentaux on n'a besoin que des usages et des coutumes pour conserver les mœurs ; chez les Orientaux, au contraire, où les passions ont la plus grande activité, les lois les plus terribles suffisent à peine pour conserver ce principe sacré, sur lequel reposent l'ordre et la félicité de l'état. Mais quand une opinion erronée a amené le scandale et la licence qui règnent en France, il faut employer les moyens des Orientaux, parce que la présence des maux dont leur sagesse les exempte, nécessite les remèdes les plus violens.

A 2

Je vais, je le sens, choquer bien des préjugés et des manières de voir; on me traîtera d'hommé impoli, d'extravagant, mais je m'en console d'avance en songeant que j'ai pour complices de mon impolitesse et de mon extravagance, *Solon, Platon, Numa, Moyse, Mahomet, Plutarque, Montagne, Molière, Montesquieu, Rousseau*, tous les législateurs, et les philosophes anciens et modernes.

C'est à l'époque de la régénération des principes politiques, que l'on doit penser à la régénération des mœurs. Cette matière étoit féconde; aussi ma satire, quoique longue, n'a pû saisir que les parties essentielles du sujet; elle a laissé aux notes la discussion des idées philosophiques et morales, dont le développement exige la marche méthodique de la prose.

Ma Satire, me dira-t-on, ne corrigera personne; la corruption est à son comble. — C'est parce qu'elle est à son comble que l'on en cherchera le remède. Je ne prétends point refondre la génération présente, mais j'aurai beaucoup fait si j'ai semé des idées utiles au bonheur de la génération qui nous suivra, des idées capables d'éclairer nos législateurs, dont les travaux seront toujours infructueux tant que les mœurs n'en seront pas la base.

Il y a près d'un an que cet ouvrage est achevé; j'aurois pu en polir les vers, en châtier l'expression; mais souvent plus on corrige, plus on affoiblit les idées: quand elles sont vraies et utiles, ne doit-on pas les préférer à ces vers de parade, qui, sonores à l'oreille, ne disent rien à l'esprit et à la raison? Que m'importe d'avoir été foible dans quelques expressions, si je suis fort dans mes principes!

LES MOEURS,

SATIRE III.

Un génie indomptable, au lever de l'aurore,
Et m'enchaîne au pupître et me tourmente encore.
Est-ce pour gourmander la foule des rimeurs ?
Non, c'est pour réprimer et châtier les mœurs :
Je veux rendre la palme à l'humble modestie.
Ah! lorsque la pudeur est presque anéantie,
Qu'en tous lieux on flétrit ses charmes innocens,
Qu'elle est prostituée aux jeux des vils plaisans,
Complice d'un sot rire et de leur indécence,
On me verroit garder un coupable silence !
Vous l'espérez en vain, me voilà prêt..... Assez,
J'ai vu tous ces grands nains, Dumoutiers insensés,
Auteurs de madrigaux et d'opéras comiques,
Faire insulte aux vertus, aux principes antiques ;
Assez, de leur parti le torrent s'est accru.
Quand d'un siècle pervers, l'honneur a disparu,
Il faut qu'un satirique, alors vengeur du sage,
Frappe d'un vers d'airain les vices de son âge.

Il n'est donc plus de mœurs ! «de mœurs ! quel est ce mot»?
Répond un sybarite, orateur idiot.
« De mœurs ! Ce mot pompeux n'est qu'une vaine affiche,
» L'engoûment du vulgaire et le mépris du riche.
» Pourquoi nous rappeler ce souvenir fâcheux ?
» De mœurs ! et, dites-moi, n'est-il pas trop heureux
» De rencontrer souvent, dans nos fêtes brillantes,
» Des maris prévenans, des femmes complaisantes ?
» Bientôt, dans ce bas monde, on périroit d'ennui,
» Sans des feux renaissans et la femme d'autrui. »

J'entends, on ne peut mieux soutenir ce systême,
Mais au filou, monsieur, quoi, n'est-il pas, de même,
Charmant de dérober un bijou précieux,
Lorsque son vol adroit échappe à tous les yeux?
Les mœurs ne sont qu'un mot! Oui, pour un égoïste
Qui traite de rêveur le profond moraliste,
Qui se joue à la fois des vertus, de l'honneur;
Monstre, de l'innocence éternel suborneur.
Mais l'homme que l'amour de ses devoirs enflamme,
Honore la vertu qu'il porte au fond de l'ame;
Et devrois-je, insensés, vous le dire aujourd'hui?
Les mœurs sont de l'état et la base et l'apui;
Tout charme corrupteur, qui les sappe ou les mine,
De l'ordre social entraîne la ruine.
Telle est la vérité, qu'il faut en traits vainqueurs
Buriner dans nos vers et graver dans les cœurs.

« Fort bien », me dit Cloé, déesse de théâtre,
Qui pose au demi-jour les roses et l'albâtre
Sur ses livides bras et sur son front terni:
« Ce mot de mœurs, toujours banal, indéfini,
» Sans doute est dans vos vers encor plus magnifique.
» Mais est-ce tout? Je veux enfin qu'on me l'explique ».
— Volontiers. — Parlez-donc. — Ceci n'est pas un jeu,
Toutefois pour m'entendre éloignez-vous un peu ;
Non, que votre beauté me séduise, me touche ;
Mais je crains votre cœur errant sur votre bouche (1).
Pourtant définissons, un mot pour vous banal.

---

(1) Tout le monde a entendu parler du cœur de mademoiselle Arnoult,
qu'elle avoit, disoit-elle, toujours sur les lèvres. On sait de même, ce que lui
répondit un mauvais plaisant à ce sujet. L'existence de cette femme et de se
pareilles prouve à quel point les mœurs étoient déjà dépravées de son tems.

Les mœurs sont le bonheur dans le nœud conjugal,
La vénération qu'on doit à l'hyménée,
A la chaste beauté sous son joug enchaînée,
A la vierge modeste, au fils religieux,
A la foi toujours pure, honneur de nos ayeux.
Mais lorsqu'on fait accueil à l'infâme adultère,
Qu'on rit du tendre époux, du bon fils, du bon père,
Que le scandale altier, au mépris des clameurs,
Marche à front découvert; je ne vois plus de mœurs.
Non, il n'en reste plus; non, déjà leurs abîmes,
Gouffre impur des vertus, vomissent tous les crimes.

La France en est la preuve, et ce triste pays
Est en butte à l'intrigue, aux fripons, aux Lays :
Et d'un principe saint on me feroit démordre !
Non ; la chûte des mœurs a produit ce désordre.
Que dis-je ? désertant le plus sublime emploi,
La femme, avec orgueil, nous impose la loi.
Elle a, pour devenir la maîtresse du monde,
Au-devant de ses pas semé le vice immonde.
Oui, ce sexe en rêvant l'art de nous éblouir,
Aspire à dominer et non pas à jouir :
Sa vanité forgea nos premières entraves,
Dupes de faux attraits, nous sommes ses esclaves (1) :
L'homme nul est par lui toujours déifié,
A l'ardeur de lui plaire, on a sacrifié
L'honneur, la probité, les talens, le génie.

---

(1) Lycurgue, par une loi bizarre en apparence, atteignit le même but que les législateurs prescrivant la retraite absolue des femmes; il préservoit à jamais les hommes des pièges de la coquetterie. L'entière nudité sera toujours l'éteignoir de la concupiscence. Nos charmantes poupées et nos belles dames feront si bien qu'on obtiendra incessamment l'effet de la loi de Lycurgue: alors que deviendra leur empire?

De nos pauvres Français l'éternelle manie
Est d'être de ses goûts prôneurs officieux,
De penser par lui seul et de voir par ses yeux.

De-là tous les abus, les places occupées
Par des gens à tournure et de fades poupées ;
De-là cent petits fats convertis en héros,
Et l'homme sage et simple en butte aux traits des sots ;
De-là, d'un sexe enfant le persifflage habile,
Et toujours la raison immolée au futile.
Je vois le bel esprit insipide, orgueilleux,
Proscrire et le bon sens et le génie heureux.
Je vois un noir Thureau (1) que la bile tourmente,
Sourdement travaillé par l'envie impuissante,
Obscurcissant son front d'un lugubre souris,
Honnir, savant Midas, Cassandre, Épicharis.
Je vois un Bois-Germain, amant de la sottise,
Que pour un calembourg le sexe divinise ;
Je vois, se trémoussant dans son obscurité,
Un Férole, tout fier de son rire hébêté,
Épier les bons mots d'une langue indiscrète,
Et trotter le matin de poëte en poëte ;
Hier chez Thévenau (2), chez Despase (3) aujourd'hui,
Colporter, lourd badin, les sarcasmes d'autrui.
C'est par ces plats bouffons que le faux ridicule,

---

(1) Je parlerai de ce personnage dans la Satire des Midas modernes, qui suivra celle-ci. Il est urgent de faire la chasse à cette canaille aboyante, dont les hommes d'un vrai mérite sont à tout instant harcelés, et d'anéantir ces prétendus Aristarques, juges sans mission, qui, en faveur des clabaudages révolutionnaires, se sont érigés en écrivains, et qui pis est en oracles du goût.

(2) Thévenau, mathématicien et poëte, homme dont la réputation est fort au-dessous du mérite.

(3) Despase, jeune littérateur plein de goût et déjà avantageusement connu. Ses essais en vers et en prose, annoncent des talens distingués.

Contre l'homme qui pense en tapinois circule.
C'est par eux, qu'en tumulte, à cet abus d'esprit,
Le beau sexe frivole et se délecte et rit.
Il rit, et son aveu sanctionne l'outrage;
A l'instant le vrai cède au faux qu'on encourage,
Il marche dans Paris, le front pâle, abbatu,
Morne, en voyant le vice écraser la vertu.
Des femmes en tous lieux, oui, telle est l'influence,
Et la raison finit où leur règne commence.

Mais ce sexe a pourtant et Théroine (1) et Beaufort;
Jadis, il enfanta, par un plus grand effort,
Sapho l'hermaphrodite (2), et dont la Grèce entière
Fut idolâtre; et puis songez à Deshoulière,
Bel esprit, dont le goût et dont les fameux vers,
Pour protéger Pradon, ont pendant quinze hivers
De la scène exilé le célèbre Racine.
Le sexe juge-t-il, le mauvais goût domine :
Quelques fades bouquets, quelques propos galans,
Pour un fat, ont bientôt forgé tous les talens;
Le génie, il n'en peut aprécier la force,
Avec la grande Anette (3) il s'arrête à l'écorce,

---

(1) Théroine est aux petites-maisons, Beaufort n'y est pas encore.

(2) Horace en parlant de cette Grecque célèbre, l'appelloit *Mascula Sapho*. Tout le monde sait qu'avant sa dernière passion, elle n'avoit d'amour que pour les femmes. Ainsi *Sapho*, dont on cite éternellement l'exemple, ne peut être même une preuve en faveur du talent poétique du sexe féminin, puisqu'elle appartenoit aux deux à la fois. C'est un fait qu'il a fallu relever pour le triomphe de vérité.

(3) La grande Anette, ou Nanette, n'est ni la sœur, ni la cousine de la petite Nanette du Cousin-Jacques, mais bien la fille d'un certain Gentillâtre de province. Elle a rêvé un beau jour, qu'elle descendoit de Louis-le-gros. En conséquence, elle a jetté, par ses grands airs, dans sa longue et menue personne, tout le volume de son court et gros aïeul, et le plus grand ridicule à ses yeux est de n'être pas ridicule comme elle.

Le mérite est pour lui dans l'éclat du babil,
Il rebute Ducis, et fête Duméril (1).

Ce n'est pas tout : le luxe énorme, scandaleux,
Au clinquant de l'esprit joint son éclat honteux.
Le luxe !. . . C'est sur lui qu'un vain orgueil se fonde.
Privés de son vernis, qu'êtes-vous dans le monde,
O sages de la France ? ô poëtes vantés !
Près des femmes, l'amas de nos sots évantés,
Rayonnant de bijoux pompeux et couverts d'ambre,
Quand vous aborderez à peine l'antichambre,
Aura conquis la palme et ravi les *bravos*.
Portés sur un char d'or je vois nos Figaros,
Autrefois plats valets, aujourd'hui petits-maîtres,
Attacher, pour les voir, nos dames aux fenêtres.

Le luxe, nous dit-on, le luxe est en tous lieux
Le ressort du commerce et des beaux arts. — Au mieux.
Mais il traîne après soi la mollesse et l'opprobre ;
En d'avides brigands, il change un peuple sobre.
Dans une étroite enceinte entassant les humains,
Oui, le luxe bâtit, élève de ses mains,
Ces palais fastueux, ces aimables asiles,
Les charmes et l'orgueil à la fois de nos villes.
Je le sais ; mais aussi là siègent tous les maux ;
Près du temple des jeux s'offrent les hôpitaux ;
Monumens infectés et dont l'aspect nous glace,
Gouffres, où des humains va s'engloutir la race.
La débauche, en ces noirs et lugubres séjours,
Plonge ses favoris à la fleur de leurs jours.
Suite de leurs excès, la pâle maladie,
Dans leur sang gangrené fait courir l'incendie.

____

(1) Duméril, nom réel ou imaginaire, la chose est indifférente pour le public.

L'impur grabat succède au lit voluptueux,
Plus d'amours. . . . de la mort c'est l'appareil hîdeux;
Ou s'ils sont échappés à sa juste vengeance,
L'infâme Rachitis fils de l'intempérance,
Grave a jamais ses pas sur leurs corps ravagés.

    Mais quel spectacle s'offre à mes yeux affligés?
Peu satisfaits des biens dont jouissoient vos pères,
Mille besoins nouveaux augmentent vos misères,
Malheureux.... nos hameaux, nos champs sont désertés,
Et la campagne, hélas, croule dans les cités!
Là vont s'anéantir les tributs de ses gerbes,
Et de ses vieux enfans les familles superbes
Qui bientôt n'offrent plus que des nains contre-faits.
Alors le moule humain est brisé pour jamais,
Et nos calamités chaque jour sont accrues.
De ces sombres cachots, de ces étroites rues,
Lieux livrés en tous tems aux miasmes impurs,
Ne vois-je pas sortir des mutilés obscurs,
D'un peuple de bossus les bataillons difformes,
Esopes, fléchissant sous leurs masses énormes?
Vers la terre, leurs yeux se baissent tristement;
Honteux, ils n'osent plus porter au firmament
Ce front, qui de la brute obtint toujours l'hommage,
Où le très-haut jadis imprima son image.

    Ah! c'est peu de leur honte, et de ces maux divers;
Les foyers des mortels ne sont-ils pas ouverts
Aux desirs effrénés, enfans de la mollesse;
A l'envie, à la fourbe, à la scélératesse?
Le vain éclat du luxe excite nos transports,
Il faut pour l'acquérir, regorger de trésors.
Aussi-tôt l'intérêt est le seul fanatisme,

Aussi-tôt la bassesse, aussi-tôt l'égoïsme,
Pétrissant nos bourgeois (1) dans un mortier d'airain,
Leur donne un cœur de boue, avec un front serein.
Leurs mains de faux attraits couvrent la courtisane,
Et relèvent l'éclat de sa beauté profane.
Aux ordres de ce luxe, amour de nos beautés,
L'usure naît, s'accroît, ravage nos cités,
Des avares comptoirs se traîne sous le chaume ;
L'honneur, alors, l'honneur, n'est plus qu'un vain fantôme,
Et l'intérêt sordide envahit tous les rangs ;
Il change les mortels en corbeaux dévorans
Qui s'osent arracher, au sein des sépultures,
Un reste de cadavre, un débri de masures.
Et cet agiotage, à Paris triomphant,
Du luxe n'est-il pas le criminel enfant ?
Mais j'apperçois le jeu, plus redoutable encore,
A peine réprimant la soif qui le dévore,
Présenter aux humains ses charmes décevans.
Dans un réduit obscur, tartare des vivans,
Il engloutit les flots de l'or qu'on lui prodigue.
Là siège l'avarice à côté de l'intrigue.
Là, d'infâmes escrocs, spadassins décriés,
Que le mépris cent fois a foulé sous ses pieds,
Pillent insolemment leurs victimes timides.
Bientôt le désespoir, les pâles suicides,
Remplissant nos cités de leurs noirs attentats,
Viennent de leur aspect effrayer les états (2).

---

(1) J'appelle les Parisiens bourgeois, car nos boutiquiers ne peuvent être autre
chose. Ils ont bien raison, ces êtres pusillanimes, de prendre la qualité de
monsieur, car ils ne seront jamais dignes du titre de citoyen.

(2) Quatre personnes se sont tuées, dans une décade, par suite des pertes
qu'elles ont faites au jeu.

Tous les freins sont rompus. La débauche effrénée
A ses pieds tient alors l'innocence enchaînée ;
En de honteux excès se plongent les humains ;
Et des bandits armés peuplent les grands chemins.
La couche de l'hymen, sans cesse est le théâtre
Des soupçons, des regrets ; et l'impure marâtre
En secret a rempli sa coupe de poison ;
Entre un père, entre un fils rampe la trahison ;
Les titres les plus chers ne sont qu'une imposture
Et l'amour des faux biens nous ravit la nature.
L'homme ainsi par le luxe, une fois possédé ,
N'offre plus dans nos murs qu'un être dégradé.

Ce luxe corrupteur dont l'aspect nous outrage ,
Parmi nous de la femme est cependant l'ouvrage.
Quelle en est la raison ? — Ne vous l'ai-je pas dit ?
Il met et son orgueil et son règne en crédit.
De vos fautes, toujours, les premières victimes,
Sur les hommes en vain vous rejettez vos crimes ,
O femmes !... on vous voit en tous lieux intriguer ;
Sans cesse étudiant l'art de nous subjuguer ,
Sexe impie, oui, pour mieux assurer votre empire,
Avant d'être séduit , vous courez nous séduire.
Afin de plaire aux sots, pourquoi désertez-vous
Le toît de vos enfans, l'asile d'un époux ?
Ah! si dans tous les tems , modestes, réservées ,
Vous n'aviez d'autre amour que vos vertus privées ;
Si vos devoirs touchans pouvoient vous attacher,
Sous vos toîts vertueux iroit-on vous chercher ?
Non , vos colifichets , votre vaine parure,
Sont déjà pour les mœurs une sanglante injure.
Que faites-vous en char , en loge , à Tivoli,

Où brille votre front par l'éclat avili ?
La pudeur, la pudeur convient seule à vos charmes.
A l'attentat hardi prêterez-vous les armes,
Lorsqu'un voile modeste aux yeux vous couvrira ?
Femmes, respectez-vous, on vous respectera.

Pourquoi cette fureur de plaire, de séduire ?
— L'ignorez-vous ? ce sexe amoureux de l'empire,
En France, non content de son impunité,
De l'homme ose envier les droits, l'autorité.
Là, seul, il engagea cette indécente lutte.
Là, pourtant, triste, gai, dans la même minute,
Son humeur et ses goûts à ses nerfs sont soumis.
Ah ! si dans les emplois ce sexe étoit admis,
Au sénat sous la pourpre, au camp sous l'uniforme,
(Sans foudroyer l'abus de ce désordre énorme),
Un peuple ainsi mêlé, vil amas de pantins,
Tantôt fiers ou rampans, tantôt grecs ou latins,
Tantôt courant des rois embrasser les statues,
Tantôt s'extasiant de les voir abbatues,
Hier, esclaves vils, fanatiques cruels ;
Aujourd'hui, destructeurs du trône et des autels ;
Barbares et polis, raisonneurs et frivoles,
Ne seroient que des fous agités par des folles,
Passant comme un éclair du courage à la peur,
Et presque, dans tout tems, jouet d'une vapeur.

Joyeuse cependant qu'on la cite ou la nomme,
Chez nos pauvres Français la femme veut être homme,
Vous la voyez par-tout, à la course, à cheval,
Jalouse d'un amant, le prendre pour rival.
Chez ce peuple insensé, qu'un calembourg enflamme,
La femme est vraiment homme et l'homme est vraiment femme.

Hommes ! et vous osez, au mépris du bon sens,

A ce sexe orgueilleux prodiguer votre encens !
Vous osez applaudir à son audace impie ,
A ses prétentions , à son immodestie !
Songez qu'en le flattant vous accroissez vos maux ;
Que des mœurs , des vertus vous ouvrez les tombeaux.
Oui c'est vous , c'est vous seuls , hommes pusillanimes ,
Qui d'un sexe adultère encouragez les crimes.
Oui, follement épris d'agrémens passagers ,
C'est vous , qui , partageant ses plaisirs mensongers ,
Son amour criminel, son ivresse orageuse ,
Autorisez sa vie impure et scandaleuse.
Malheureux ! vous troquez pour de viles amours,
Le bonheur , l'innocence et la paix de vos jours.
Pourrez-vous exiger, vous corrupteurs de femmes ,
Que l'hymen à vos vœux offre de pures flammes,
Qu'on respecte à jamais votre chaste moitié ,
Lorsque vous n'avez pas respecté l'amitié,
Que votre passion , impudique et farouche ,
A d'un hôte sauveur déshonoré la couche ?

Mais il faut l'avouer , ces charmans débauchés
Au char de l'impudeur lâchement attachés ,
Qui versent le poison dans le sein de nos villes ,
Sont du beau sexe encor les instrumens serviles.
Et ne voyez-vous pas que ce triste rebut,
Sot enfant du bon ton, par-là paie un tribut
A la mode, ressort de leurs petites ames.
Qui créa ce bon ton, cette mode ? — Les femmes.

Féfronde, petit maître et Céladon nouveau,
Chaque jour de son frère insulte le tombeau.
Son épouse enlevée aux bords de la Garonne ,
Dans nos bals indécens court briguer la couronne

Qu'au vice scandaleux elle arrache à grands frais.
Son époux est tout fier de ses nouveaux progrès;
Il est fier de la voir, parmi nos incroyables,
En reine promener ses souris agréables,
De noms doux et charmans, caresser tour-à-tour,
Nos petits usuriers, nos grands messieurs du jour,
Titrés *d'honnêtes gens*, en bonne compagnie,
Et qui dans la rapine ont mis tout leur génie.

Ainsi par le bon ton et *les honnêtes gens*,
Les femmes ont, en France, assuré dans tous tems
Leurs vices, leur empire et leur vie immorale.
Qui donc oseroit mettre un frein à leur scandale,
Quand tout est à leurs pieds? — O malheureux pays,
La fortune remet aux mains de tes Lays,
crédit, emplois, honneurs, renommée et richesse;
Le premier de tes dons est l'art de la souplesse !
Que deviennent alors, les mœurs, la probité ?
Pour être des Français bien reçu, bien fêté,
Quoi! faut-il du génie, y posséder la flamme ?
Être bon, vertueux ? — Non, mais *un homme à femme.*
Avoir tout le vernis de la corruption,
Bien ranger ses cheveux, ses ...... Quelle nation ! .

Mais ce sexe qu'en France on flatte, on idolâtre,
Qui vain de figurer sur un vaste théâtre,
Pour y rivaliser d'impudeur et d'affront,
Loin de s'offrir modeste et de voiler son front,
A-t-il tous les attraits qu'à nos yeux il affiche ?
Eh quoi! toujours épris d'une beauté postiche,
Fol amant, penses-tu que ce charmant contour,
Que ce sein attrayant, piège heureux de l'amour,
Soit le réduit des lis, les trônes de la rose ?

Que

Que ce noble sourcil, dont l'arc nous en impose,
Sur le plus mou duvet, d'un pinceau fortuné
Par la nature même ait été dessiné ?
Et sous l'or ondoyant de ces tresses mouvantes,
Qui décorent le front de nos vieilles bacchantes,
Tes yeux pensent-ils voir les charmes ingénus,
Le front jeune et touchant de Lange ou de Vénus ?
Quelque prestige heureux t'a-t-il pu faire croire
A l'émail de ses dens, à leur brillant ivoire ?
En erreur, qui pis est, fus-tu jamais induit,
(Lorsque s'offrant en loge à ton regard séduit,
Liautier de ses attraits, vient étaler les restes),
Par l'éclat, la blancheur de ses bras immodestes ?
Ce sein, dont tu voudrois caresser les appas,
D'étoupes, de chiffons, n'est souvent qu'un amas.
Ce sourcil une courbe, empreinte avec la suie,
Que dans l'ombre en rentrant un chiffon sale essuie.
Ce front vieux, embelli de mille attraits nouveaux,
Est couvert de cheveux dérobés aux tombeaux.
Ces perles, qu'envîroit la déesse de Gnide,
Cachent une gencive infectée et livide,
Petits os enchaînés que suspend un fil d'or ;
Et ces bras qu'Hamelin, à nos yeux offre encor,
Pour plâtrer les rousseurs, les dartres qui les rongent,
Le soir en tapinois dans la graisse se plongent,
Y séjournent la nuit ; de-là tout orgueilleux,
Distribuant l'odeur de l'amidon huileux,
Et nus jusqu'à l'épaule, en loge font parade
De leur vernis gluant, et de leur blancheur fade.
Oui, pour la femme seule on inventa le fard ;
Oui, masquant la nature, elle emprunte de l'art
Ses formes, son éclat, sa beauté triomphante :

B

Pour excuser l'épouse, elle feint d'être amante.
A ses beaux sentimens nul roman n'est égal,
Elle est fausse au physique, elle est fausse au moral.

Sans obstacles, pourtant, triomphent ses exemples.
Je vois, je vois le jour qui détruira ses temples ;
Mais avant que d'ouvrir , aux regards effrayés ,
La tombe où crouleront nos remparts foudroyés ,
Avant de prononcer mes accens prophétiques
A l'orgueilleux Paris, couronné de portiques ,
Qui , dans le sein des jeux tranquillement pervers ,
Roi du monde , se croit à l'abri des revers :
Je vais , armé de vers fléaux de nos harpies,
Peindre l'amas croissant de leurs crimes impies ,
L'assemblage des sots épars à leurs côtés ,
Complice adulateur de leurs iniquités.
C'en est fait, je te tiens sexe impur et frivole ;
Un feu divin m'éclaire : écoute ma parole !

De quel nom décorer ces spectacles ouverts
Au vice, à l'impudeur, comme à tous les travers ?
Là , d'infâmes beautés , merveilles du grand monde ,
Avec audace , à nud, offrent leur chair immonde.
D'autres joignent à *l'or l'éclat des diamans* ,
De leurs appas abjects trop nobles ornemens,
Bijoux jadis sacrés, et que leur beauté souille,
Des rentiers immolés malheureuse dépouille.
Sont-ce encor des objets , imposans par leur ton,
Nés dans un rang superbe et suivis d'un grand nom ?
Loin de-là , ce ne sont qu'insipides grisettes,
Qu'au sein de nos revers des intrigues secrettes
Portèrent tout-à-coup au sommet des grandeurs.
Elles voudroient en vain nous céler leurs ardeurs

Pour l'empire abhorré qu'édifia septembre;
Autour d'elles, du sang l'odeur couve sous l'ambre.

Infâmes! cachez-vous; dérobez à jamais
A nos yeux indignés vos insolens attraits;
Vos attraits décorés d'un costume impudique,
Faits pour blesser les mœurs et la vertu publique.
Qui foule tous les rangs, à ses pieds abattus,
Doit de Sparte adopter les mœurs et les vertus.

Nos cercles, nos concerts, nos fêtes insensées,
N'offrent qu'un groupe impur de femmes divorcées,
Qui, trahissant leurs nœuds, l'hymen et leurs enfans,
Se livrent, sans réserve, aux ogres triomphans,
Tyrans dévastateurs de nos tristes rivages,
Nourris, engraissés d'or au milieu des ravages.
Lorsqu'un char élégant, mollement balancé,
A l'ordre des plaisirs sur le pavé lancé,
Transporte tour-à-tour ces syrènes honnêtes,
De boudoirs en boudoirs et de fêtes en fêtes,
Et que tissus de fleurs, leurs jours, leurs heureux jours,
Coulent au sein des jeux, du luxe et des amours;
Que l'acajou, l'albâtre et tout l'art de nos villes,
S'empressent à l'envi d'embellir leurs asiles:
Près d'elles, leurs époux dans la douleur plongés,
Pleurent leurs biens ravis, leurs proches égorgés,
Et leurs droits méconnus, et leur race flétrie,
Dans ses propres foyers errante et sans patrie,
Étalant sa misère à jamais sur nos bords.
Sexe impur! vous osez vous plonger sans remords
Dans des flots renaissans de joie et de délices.
Que dis-je? vous dansez aux bords des précipices
Où la corruption traîne votre pays!
Objets plus méprisés cent fois que nos Lays,

Eh! que vous revient-il de ce scandale étrange ?
La honte te poursuit, impudique Ste.-An...

Mais la honte n'est rien. Voyez-vous ces objets
Occupés de complots et de lâches projets,
Amazones, marcher sur les pas de Théroine,
Ebranler tout-à-coup le faubourg Saint-Antoine,
En accabler le Louvre.... en ses murs saccagés
Se plonger dans le sang des Suisses égorgés,
Et pour leur épargner l'honneur des funérailles
Leur donner, pour tombeaux, leurs avides entrailles. ?

Tels sont les attentats d'un sexe indigne et faux.
Oui, peuple, il ne jouit qu'aux pieds des échafauds.
Rappellez-vous ces jours horriblement célèbres,
Et couverts à jamais de longs crêpes funèbres ;
Ces jours, où Robespierre ivre du premier rang,
Sur nos fronts abattus rouloit son char de sang ;
Voyez, quand ce tyran inquiet et superbe
Fit conduire au trépas l'illustre Malesherbe :
Ce sexe tourmenté d'impatiens desirs (1),
Pour repaître ses yeux, de ses derniers soupirs
Avide, s'empresser autour du char coupable,
Qui lentement traînoit le vieillard vénérable ;
Voyez-le sur la place, en tumulte et nombreux,
Encourager Samson de son sourire affreux,
L'applaudir (2) à l'instant que le trépas s'apprête,

____

(1) Qu'on ne s'imagine pas ici que je ne veuille parler que des femmes de nos jours, des furies de guillotine. Les dames du bon ton ont loué à la Grève, des fenêtres, pour voir tomber la tête de Laly, pour jouir du supplice de Damiens ; plus effrontées, plus barbares que les hommes, elles ont été les dernières à contempler cet horrible spectacle. Louis XV à qui ce trait fut rapporté, s'écria : ô les vilaines!

(2) Quand Samson paroissoit sur l'échafaud avant l'exécution, il saluoit la digne assemblée, qui à son tour l'applaudissoit, comme fait le public au

Que sa main va saisir la plus auguste tête,
Contempler ce vieillard sur ses pieds chancelans,
Et le voir à la hâche offrir ses cheveux blancs,
Redemander sa tête, au front pâle et sublime,
Sa tête, où des vertus l'image encor s'imprime.

Femmes, qui présidiez à ses derniers momens,
Vous, délice, aujourd'hui, de nos concerts charmans,
Et de nos bals encor les reines, les idoles ;
Asservissez toujours ces esclaves frivoles,
Ces Français, peuple foible et plus lâche que vous (1).
Ah ! de leur vils amours je ne suis point jaloux;
Je vois avec dédain et leurs jeux et leur faste.
Quoi ! du triste rentier l'épouse aimable et chaste,
Sous ses toîts dépouillés, déjà voit, j'en frémis,
La faim pâle avancer pour engloutir ses fils !
Quoi! l'enfant vertueux d'une honnête famille,
La nuit quête en tremblant l'aliment de sa fille !
Et le front d'Enguerlaud éclate de rubis !
L'or en pluie est épars sur ses riches habits !
Ces bijoux, ornemens d'une ignoble figure,
Sont peut-être un tribut du vol et de l'usure.

O honte ! leur audace et leur luxe fatal,
Triomphans en tous lieux, nargueroient Juvénal !
Victor, quel est ton but, et pourquoi donc écrire?
Pourquoi saisir encor le fouet de la satire ?
— Pourquoi?.. je veux, frappant leur indomptable esprit,
Sur chacun de leur pas que mon vers soit écrit ;

---

théâtre, à l'apparition d'un acteur qu'il chérit. A ces scènes sanglantes, il y avoit au moins dix femmes pour un homme; ainsi, d'après cela, lâchez le beau sexe dans la société.

(1) Lâches dans l'intérieur, héros aux frontières, subjugués par un parti, esclaves de la mode et des femmes, terribles contre l'ennemi; quel contraste !

Que sa ligne vivante et contre eux courroucée,
Enveloppe leur nom, tourmente leur pensée,
Et leur fasse à l'oreille, au sein de leurs succès,
Murmurer leur opprobre et leur honteux excès.

Mais ce n'est pas assez d'avoir peint leur scandale,
Je veux encor, je veux que ma plume fatale
A leurs vices secrets, à leurs noirs attentats,
Le germe de nos maux, le fléau des états,
Présente à tous les yeux un tableau véridique,
De leurs feux indécens, de leur vie impudique.

Orphane, accoutumée à des mêts délicats,
Que la douce mollesse éleva dans ses bras,
Qui, des coussins moelleux où paisible elle rêve,
Une fois en trois jours à peine se relève ;
Qu'un petit soin travaille, et fatigue à mourir,
S'agite tout-à-coup, s'empresse de courir,
De voler comme un trait sur les pas d'un volage ;
Et malgré les dégoûts d'un pénible voyage,
Femme désordonnée, elle erre sur les flots,
Et dévore, au grand air, le pain des matelots.
Sa blanche et douce main, par les graces ornée,
Hisse un mât et saisit la corde goudronnée.
Mais si son tendre époux, plein d'un sage dessein,
Lui veut faire entreprendre un voyage lointain,
Pour aller sur le sol d'une plage étrangère
Recueillir les soupirs, les derniers vœux d'un père,
Vous la verrez, tremblante à ce projet nouveau,
Foible, s'évanouir au seul nom du vaisseau ;
Vous la verrez, les yeux long-tems noyés de larmes,
S'écrier sur la vague, objet de ses alarmes.
Et l'ouragan qui siffle et fait mugir les airs,

Le tumulte des vents et le gouffre des mers,
N'offre plus de péril à son ame craintive,
Lorsqu'auprès d'un amant l'appelle une autre rive.

Que dire de Lesbie, au front, à l'œil altier,
Qui s'ose dans Paris et dans le monde entier
Targuer de son honneur, de sa vertu farouche,
Et dans l'ombre en secret se lève de sa couche,
A l'insu d'un époux dormant à ses côtés:
En haillons, je la vois, à pas précipités
Courir les bals hideux, où le vice s'étale,
Où siègent la crapule et les forts de la halle.
L'odeur, l'aspect impur de ces lieux repoussans,
Ne sauroient rebuter, ni refroidir ses sens;
Une fureur obscène irrite son envie ;
Sans réserve, bientôt l'infâme sacrifie
Sur des autels infects, dégoûtans et fangeux,
Où trois rivaux à peine ont assouvi ses feux.
Dans des plaisirs lascifs, son âme est absorbée.
Furtive, au petit jour, presque à la dérobée,
Par un vieux mur rompu, faux-fuyant du jardin,
Elle entre, se dépouille, et se couche soudain.
Cette femme le jour, suppose un mal de tête,
Un accès de vapeur dans son boudoir l'arrête,
De sages, autour d'elle, un cercle est assemblé;
Là, madame frondant son siècle déréglé,
Vante, applaudit Hoppé, pour satiriser Lange.
Tandis que se vautrant chaque jour dans la fange
L'impudique des mœurs brise tous les degrés,
Et trahit à la fois les nœuds les plus sacrés ;
Des gages de l'hymen, de son honneur austère,
Cet objet qu'elle blame est-il dépositaire ?

Lange est libre (1), elle a droit de braver ses clameurs,
Mais l'épouse adultère assassine les mœurs.

Dois-je encor m'occuper de la perfide Aminthe
Dont la mine trompeuse est tendre , et semble empreinte
Des plus douces vertus , d'une aimable candeur ?
Un riche et jeune amant , pour elle plein d'ardeur ,
A pu , malgré le vœu de sa famille entière,
La dérober à l'humble état de couturière ,
La choisir , la doter et l'épouser enfin.
Au spectacle bientôt, la belle voit Grapin
(Grapin chanteur à gage et dont chacun rafole).
Tout-à-coup il séduit cette épouse frivole ,
Qui ne voit point alors d'objet plus précieux.
Quoi ! Grapin est-il beau ? — Non, il est chassieux.
— Mais au moins son esprit ?… — C'est un être stupide.
— Qui peut donc excuser les feux de la perfide
Et son ingratitude en cette occasion ?
— Ne le savez-vous pas ? Grapin est histrion :
C'est assez ; de ce titre on connoît l'avantage.
Pour posséder Grapin , ténèbreuse en sa rage ,
Aminthe, à son époux , charmant passionné ,
Présente de sa main un vase empoisonné ;
Et chassant de son cœur toute crainte importune ,
Soudain, avec sa vie , engloutit sa fortune ,
Que l'infâme en tribut court offrir à Grapin.
Mais qui peindra Vidot (2) dont le glaive assassin,

---

(1) Dans le tems que cette satire a été composée, madame Simon n'étoit
encore que mademoiselle Lange, ce n'est pas ma faute si depuis elle s'est
donné le tort de se marier. Au reste, cette jeune et charmante actrice rachetoit
par des qualités bien précieuses, les erreurs qu'on lui a supposées.

(2) Tout le monde connoît l'histoire de Sophie Vidot, exécutée le 9 ger-
minal an 5, pour avoir immolé son amant au milieu de la jouissance. En
m'emparant de cet horrible événement, j'en ai changé plusieurs circonstances ,
afin de les rendre plus favorables aux couleurs de la poésie.

Au milieu des faveurs complices de son crime,
Sans frémir osa prendre un amant pour victime?
Des formes d'un beau sein doucement enivré,
Cet amant chez Vidot frappe, ouvre, entre égaré,
Sophie alors le dompte : odieuse furie,
Elle change à l'instant ces lieux en boucherie.
De son amant qui meurt de tendresse à ses pieds,
Par la ruse en jouant les membres sont liés,
Aussitôt le bras nu, d'un coutelas armée,
Cette femme d'amour et de sang affamée,
A son brûlant captif prodigue ses appas,
Le couvre de baisers, le presse dans ses bras
Et le tient languissant de plaisir et d'ivresse :
Quand l'albâtre éclatant de son sein le caresse,
Elle enfonce le glaive et l'égorge à loisir,
Se plonge dans son sang....... saisit avec plaisir
Les derniers mouvemens de sa foible victime,
Les regarde, en jouit, s'enivre au sein du crime;
De ce cadavre enfin les membres dépecés
Sont bientôt dans un sac engloutis, entassés ;
Un homme, sous son poids devançant la lumière,
Le lance, et l'abandonne au cours de la rivière,
Qui dérobe, au grand jour, ce forfait ténèbreux.

Ciel ! à combien d'excès et de crimes affreux
Le fol entêtement, l'orgueil et l'insolence
Entraînent-ils un sexe aveugle en sa licence ?
Offrirai-je aux regards les sales voluptés
Qu'en leur fureur lascive épuisent nos beautés ?
Et leurs goûts monstrueux, et leur ardeur impure,
La honte de l'amour, l'horreur de la nature ?
Non, ma plume modeste en ses chastes portraits,

Au lecteur indigné veut épargner ces traits.
Que d'un obscène amour Raucourt fasse parade,
J'y consens, tout lui sied et rien ne la dégrade :
Combien d'autres comme elle affrontent l'examen ?

Ainsi donc abusant de l'amour, de l'hymen,
La femme, chaque jour, dans le crime s'exerce.
L'une fait du divorce un infâme commerce,
Et court de dot en dot et d'époux en époux.
L'autre sous un dehors intéressant et doux,
Se glisse sourdement chez des vieillards crédules :
Trop habile à forger des fables ridicules,
Vainqueurs de la vertu, ses traits calomnieux
Expatriant un fils du champ de ses aïeux (1),
Des foyers paternels arrachent sa jeunesse,
Et furie acharnée à l'oprimer sans cesse,
Après l'avoir frappé de la haine des siens,
Héritière insolente elle envahit ses biens.

Mais quittons nos climats pour les bords helvétiques (2),
Nous y verrons l'amour et les vertus antiques,
Nous y verrons les mœurs et la sobriété
Loger les doux plaisirs, le calme à leur côté.

―――――――――――――――――――――――――――――――

(1) Il est peu de familles honnêtes qui n'aient été ou qui ne soient les victimes de cet abus de confiance. Combien est-il d'aventurières qui se glissent chez des hommes foibles et crédules, dont elles fascinent les yeux et aliénent les cœurs? Elles sèment la division parmi les parens. N'ai-je pas moi-même à me plaindre de cet abus? J'ai été calomnié de la manière la plus infâme par des intrigantes de cette espèce, qui, profitant de mon absence, m'ont noirci aux yeux d'un père, et m'ont fermé pour jamais sa tendresse? Je dénoncerai un jour au public ces furies; il est tems d'en faire un exemple et de les punir, en couvrant leur nom d'un opprobre éternel.

(2) Les Français qui ont donné aux Suisses leur principes politiques, auroient bien dû en retour, prendre leurs mœurs et puiser chez eux l'amour de l'ordre et des vertus, source de la félicité publique.

Le voyageur errant , que la fatigue accable ,
Trouve avec la franchisse un mêts simple à leur table ,
Et confiant sa tête au toît hospitalier ,
Seul, entouré des mœurs, il dort sans s'effrayer.
Fidelle à ses devoirs, la femme aimable et chaste,
N'y sait pas décorer ses attraits d'un vain faste ;
Et qu'a-t-elle besoin d'un éclat suborneur :
L'orgueil de tout dompter feroit-il son bonheur ?
— Non, plaire à son époux est son unique étude.
Loin de l'œil étranger et dans la solitude ,
Elle cultive en paix les fruits de son hymen.
Ses mœurs ne craignent pas un fatal examen ;
D'un époux et d'un fils , l'innocente caresse......
Pour son cœur satisfait est-il une autre ivresse ?
Aussi son tendre époux de ses devoirs épris,
Ne mesure jamais aux degrés du mépris
Les soins et les égards qu'il doit à l'hyménée ;
Il n'y boit pas non plus la coupe empoisonnée
Des chagrins dévorans et des pâles soupçons ;
Il voit en souriant croître ses rejettons.
Doit-on craindre en effet que l'impur adultère
Y repousse et les soins et les baisers d'un père ?
Jamais ! De son amour ses fils sont fortunés.
Ses fils...... ils ne sont pas au vice abandonnés ;
Dès leurs plus jeunes ans , vertueux et sensibles,
Ils préparent des jours et sereins et paisibles
Au sombre et froid hiver de leurs parens blanchis,
Et par eux les vieillards n'y sont pas avilis.
O champs aimés des cieux ! ô fortunés asiles !
Malgré vos monts glacés et vos rochers stériles,
Que ne puis-je arrêter, loin des folles rumeurs ,
Sur votre sol, patrie éternelle des mœurs,

Et mes pas incertains, et ma vie inquiette :
Souvenir douloureux! séjour que je regrette!
La fougue des plaisirs, sur vos paisibles bords,
Dès l'enfance n'a pas épuisé les trésors,
Les sources du bonheur et de notre existence :
Là, toujours la santé règne avec l'innocence!

Pourquoi, dans les remparts de l'orgueilleux Paris,
Tous les chagrins sont-ils les compagnons des ris?
Avez-vous oublié cette horrible furie,
Idole des Français, hydre de ma patrie?
A ses ordres, le vent des révolutions
Court, souffle la ruine et les destructions.
Quand la femme à ses pieds a foulé la décence,
Du gouffre de l'enfer s'échappe la licence.
O vous! de nos cités, imbéciles troupeaux,
Voyez dans son orgueil (1) la source de vos maux!
Quoi! sans même indigner le beau siècle où nous sommes,
Par-tout elle se mêle, et lutte avec les hommes!
Tel sont, n'en doutez pas, tel sont, pauvres humains,
De la corruption les principes certains.
Oui, oui, les bonnes mœurs, n'en déplaise à nos dames,
Sont dans tous les pays entre les mains des femmes.
Que font ces vils flatteurs à leurs pieds abattus?......
Ah! la galanterie est la mort des vertus!

Melpomène mugit, j'entends qu'elle m'appelle ;
De sa cour autrefois déserteur infidèle,
Je frappai de mon vers nos Lekains, nos Vestris,
Mais des soudains transports, dont je me sens épris,

____

(1) Retenir les femmes dans la retraite, voilà le secret de tout moraliste
et de tout législateur qui voudront maintenir l'ordre, la paix et les vertus
dans leur pays.

Leur jeu va déployer les élans sur la scène.
Avant de me traîner sanglant chez Melpomène,
Je dois, vengeur des mœurs, étouffer sans retour
Et le germe du vice, et de l'obscène amour.

Législateurs (1) fameux, Solons d'un peuple immense,
Quel est, répondez-moi, votre aveugle démence?
On vous voit du grand ordre ignorant les secrets,
Entasser lois sur lois, et décrets sur décrets.
Ah! que dis-je, artisans de guerres intestines,
Vous avez encombré la France de ruines,
Vous voulez nous refondre en dépit des clameurs;
Et, pleins de ces projets, vous oubliez les mœurs,
« Les mœurs!...nous en faut-il, on a les droits de l'homme »
Ecoliers ignorans et d'Athène et de Rome,
Vous osez vous nommer encor républicains!
Il ne faut point de mœurs! Ainsi vos plans mesquins
Sans fruit ont désolé nos superbes rivages!
Leur règne est un volcan, fameux par ses ravages.
Dans l'absence des mœurs, il n'est point de vertu,
Sans vertus, dans les fers un peuple est abattu.
Avez-vous méconnu ce principe sublime?
Eh quoi donc! vous traîniez la France dans l'abîme,
Vous mentiez à l'Europe, au monde épouvanté,
Lorsque vous prononciez le nom de liberté!
La liberté! jamais, non, non, jamais sa flamme,

______

(1) Remarquez que je ne parle ici que des hypocrites et non des patriotes
sages, éclairés et sincères ; sans doute ils sont en majorité au corps législatif;
sans doute ils ont senti mieux que moi qu'il ne peut exister de république sans
mœurs. Les anciennes et les modernes furent assises sur ce principe sacré, et
toutes ont croulé à l'époque de sa corruption. Je le répète donc ici, et je le
crie avec tous les publicistes de la terre, *point de mœurs, point de république.*
Une société corrompue qui emprunte ce nom, ressemble au faux philosophe
que nous peint Destouche.

    « *Elle usurpe un beau titre et n'en a pas l'effet* «

Demi-réformateurs, n'a pénétré votre ame.
Certes, si vous eussiez idolâtré sa voix,
Sur les mœurs votre chartre auroit assis les lois,
Et non sur la licence et l'affreux brigandage.
Hypocrites, gorgés et d'or et de pillage,
Quittez, quittez le masque, abjurez vos grands mots;
Ils n'ont pas même l'art d'en imposer aux sots.
Faites des lois enfin, amour de l'innocence,
Protectrices des mœurs, fléau de l'indécence,
Imposez des devoirs aux vices triomphans,
Et sachez à l'époux garantir ses enfans.
Vous verrez aussitôt fleurir le mariage.
Mais qui peut de l'hymen affronter l'esclavage,
Quand la dame française, errante dans ses goûts,
Est l'épouse d'un seul, et la femme de tous;
Quand il faut adopter ses enfans sans murmure ?
Dans ce cas, tel qu'il soit, l'hymen et une injure;
Alors plus de liens, et ce vice fatal
Frappe bientôt de mort tout le corps social.
     Ramenez donc l'épouse au sein de la retraite,
Pour nous rivaliser la femme n'est pas faite ;
Elle a d'autres devoirs. Son indiscrette ardeur
Pour les arts, la science, outrage la pudeur;
Qu'un voile humble et décent la couvre à notre vue :
Devrions-nous la voir seule errer dans la rue,
Se jetter dans la foule et braver le public ?
Songez-vous que le vice, à l'œil de basilic,
La guette dans tous lieux pour en faire sa proie.
Sous un voile toujours, oui, je veux qu'on la voie,
Que d'un modeste habit, ce sexe soit vêtu,
Et qu'on y lisse écrit, RESPECT A LA VERTU.
Que le vice confus révère ce costume.

Livrez la courtisane au faste de la plume ,
A l'éclat des brillans , du fard ; et que jamais
Elle n'ose d'un voile honorer ses attraits.
Si l'épouse en public paroît avec audace
Qu'elle soit à l'instant inscrite dans la classe
De la femme sans mœurs , et de ces vils rebuts
Que le monde rejette et ne reconnoît plus.
Frappez du même arrêt et l'enfant et la mère ,
Par-là vous opposez un frein à l'adultère ,
Du sexe vous domptez les superbes humeurs ,
Et par-là sur nos bords vous rappellez les mœurs.
Si vous ne vous hâtez d'employer ce remède ,
C'en est fait de nos murs..... et déjà Paris cède
A la corruption qui le doit engloutir.

Tu verras donc, Europe, un jour s'anéantir
Cette antique cité , la merveille du monde !
Les remparts que l'Euphrate arrosoit de son onde ,
Portoient jusques au ciel leurs jardins orgueilleux ;
Excitant les desirs et l'envie en tous lieux ,
Babylone attiroit cent peuples à ses fêtes ;
Là siégeoient les plaisirs ; là des catins honnêtes
Faisoient le charme aussi de mille honnêtes gens.
Là , le manège adroit tenoit lieu de talens ;
Les monumens pompeux , les spectacles , les vices ,
La rendoient en tous tems un séjour de délices :
Vaine de ses attraits , la célèbre cité
Croule , et reçoit pour tombe un marais infecté.
Paris , voilà ton sort. La splendeur te couronne ,
Tout rit à tes desirs ; mais songe à Babylone !
Sa chûte l'a surprise au degré le plus haut :
Où siégeoient les amours , rampe l'impur crapaud.

Les vices caressoient cette ville assoupie ,
Les vices dans l'abîme ont plongé cette impie.

Mais je me sens frappé soudain d'un morne effroi !
Quel esprit , ou quel dieu s'est emparé de moi !
L'avenir s'est ouvert ! ... ô jour affreux ! ô larmes !
Je vois, j'entends déjà , j'entends frémir les armes ,
Par un accès guerrier le grand peuple est troublé ,
Et rapide torrent , tout-à-coup ébranlé ,
Il s'échappe en courroux ; ses orageuses hordes
S'amassent pour accroître et nourrir nos discordes...
Les faubourgs ont vomi soldats contre soldats ;
Le tocsin a sonné l'heure des attentats.
C'en est fait, la tempête au milieu des batailles
Fait retentir les airs et tomber tes murailles :
Nouvelle Jérico , tes orgueilleux remparts
A ces sons belliqueux croulent de toutes parts;
Tel est, tel est le prix de ta scélératesse ,
Paris, du juste ciel la fureur vengeresse
Armera de tes fils les bras ensanglantés.
Mais la ville est en proie aux faubourgs irrités ,
Cité superbe écoute, entends leurs cris farouches ;
Ces lambris éclatans , ces élégantes couches,
Où les plaisirs berçoient mollement les amours ,
Ces filles de Cypris , fières de leurs beaux jours ;
Ces concerts, ces ballets, ces danseuses divines ,
Tes nouvelles Guimards et leurs graces mutines ,
Tout est dans un instant détruit et moissonné,
Tout périt sous le fer du brigand effréné ;
Le vaste Panthéon et s'ébranle et s'entr'ouvre ,
O douleur ! je vois fondre et s'abîmer le Louvre !
Que devient Tivoli , Bagatelle, Bourbon ?

Que

Que devient l'Institut ? que devient Thélusson ?
Leurs rayons à jamais sont enveloppés d'ombres ;
Et Paris n'offre plus qu'un amas de décombres.

Le voyageur sensible, attiré dans ces lieux,
S'égare, et cherche encor d'un regard curieux,
Les cendres d'Arouet, de Buffon, de Molière ;
Mais au milieu des morts, au sein de leur poussière,
Surpris par le reptile, hôte de ces débris,
Il s'arrête, soupire, et dit : *là fut Paris.*

———————

NOTES.

J'aurois dû prendre pour épigraphe, cette excellente pensée de Duclos :

« L'état le plus heureux seroit celui où la vertu ne seroit pas un
» mérite ; quand elle commence à se faire remarquer, les mœurs
» sont déjà altérées ; et si elle devient ridicule, c'est le dernier
» degré de la corruption ».

Voilà justement le point où nous en sommes ; depuis long-tems le vice est en possession de ridiculiser la vertu ; et comment veut-on que le triomphe de la perversité ne soit point assuré, quand le ris ironique, les écrits de nos poëtes à la mode, les comédies même (1) persifflent sans cesse les mœurs ? Ovide, le premier corrupteur, et tous ceux qui l'ont imité, n'ont-ils pas couvert l'hymen de ridicule ? n'ont-ils pas plaisanté les maris ? Et l'on veut que les mœurs existent, quand tous ceux qui les revèrent sont le jouet du premier sot. Est-ce la femme sage et attachée à ses devoirs qu'on remarque en public ? — Non, mais celle à qui le vice a prodigué le plus de bijoux ; lorsqu'une prostituée attire tous les regards, obtient les hommages de mille adorateurs, quelle est la femme qui ne voudra pas être prostituée ?

(Les mœurs sont le bonheur dans le nœud conjugal).

Peut-être ai-je fait ici une définition opposée à celle de beaucoup de moralistes ; mais comme je l'ai déjà dit, ces moralistes ont confondu les mœurs avec les établissemens faits pour les conserver.

---

(1) Molière, l'estimable Molière n'a pas été exempt de reproches : son Ecole des Maris, ce chef-d'œuvre du théâtre comique, est pleine de maximes dangereuses et contraires aux mœurs. C'est le cas de dire, avec J. J. Rousseau, que pour plaire au vice, il livre la verité aux ridicules, et fait grimacer la vertu ; mais ces maximes étoient favorables au gouvernement pour lequel il écrivoit, ainsi que nous le verrons plus bas ; directeur d'une troupe, il étoit dans la nécessité de plaire à un monarque galant, et à un public corrompu.

Tels sont les usages, les coutumes, les préjugés, la religion (1) et les lois; les mœurs ne sont donc à proprement parler que la moralité d'un peuple, un grand amour pour la vertu, et une grande horreur pour le vice; tout cet édifice est fondé sur la foi de l'hymen. En effet, lorsque les femmes, détournées de leurs devoirs, sortent de leurs foyers pour se rendre dans la société, à l'instant le plus grand désordre en est la suite; les passions s'irritent, s'entre-choquent à leur aspect; le desir de les conquérir fait place à l'amour de la vertu; on emploie les moyens les plus illicites pour y parvenir; en outre, les époux qui se voient négligés se méfient de leurs compagnes: cette méfiance se répand sur les enfans, ce qui refroidit la tendresse paternelle; de-là les mauvais pères, de-là les mauvais fils, de-là les mauvais citoyens, de-là tous les désordres domestiques, source des désordres civils. Tout ce qui tend à relâcher l'hymen, corrompt donc les mœurs et attaque la société dans son principe (2). Il faut opter entre deux systêmes, ou de rendre les femmes, les enfans et les biens communs; ou, en conservant la propriété, de

---

(1) Comme les religions ne sont fondées que sur des fables, dont les hommes se détrompent tôt ou tard, ce moyen ne doit être jamais employé par un législateur prévoyant et ami de ses semblables; je dis ami de ses semblables, parce qu'un pareil moyen enchaîne une grande majorité et presque la totalité d'une nation, pour rendre heureuse une très-petite classe: alors le but de l'association est manqué.

(2) Quoi! c'est une action honteuse et criminelle de voler la bourse de son voisin, et ce n'est qu'une espièglerie de placer un étranger dans sa famille, qui, au détriment de ses vrais héritiers, enfouit sa fortune! quelle inconséquence dans nos idées! Tant que des opinions aussi folles feront la guerre aux principes, la société sera dans une dissolution totale; alors le mot de de liberté et de république ne sera qu'une vaine chimère. Il devroit donc y avoir, comme dans plusieurs républiques anciennes, un tribunal qui surveillât les mœurs domestiques: quant au désordre occasionné par les filles publiques, il doit être abandonné à la police. Je donnerai mon projet de censure, quand il en sera temps, et que les Français seront arrivés au point de sentir qu'il leur faut des mœurs pour être vraiment libres. Jusqu'à ce moment ils ne seront que les esclaves de leur luxe, de leurs vices, et des intrigans, assez habiles pour les subjuguer.

prendre telle précaution contre les femmes, qu'aucune ne puisse appartenir qu'à un seul, sans cela l'hymen est illusoire. Qui parcourt, en France, la scène du monde, peut-il croire qu'au milieu de cet assemblage de femmes et d'hommes mêlés aussi indécemment ensemble, il existe des épouses et des maris ?

(Aspire à dominer et non pas à jouir).

Quand les femmes se prostituent par intérêt ou par ambition, elles sont au dernier degré de l'immoralité. En Italie, en Espagne, la chaleur du climat donnant plus d'activité aux passions, rend les femmes extrêmement lascives ; mais elles n'y sont que libertines et non corrompues (1). En France et dans le nord de l'Europe, où, en général, elles sont froides comme des statues, où elles ne manquent à leurs devoirs que par l'amour de dominer, elles ne sont pas libertines, mais dépravées.

(Par des gens à tournure et de fades poupées).

Voilà justement le point que je voulois saisir, pour faire sentir combien l'influence des femmes est funeste chez un peuple quelconque ; comme ce sexe reste à-peu-près enfant le reste de sa vie (2) ; temoins, sa voix délicate, son visage lisse, sa taille plus courte que celle de notre sexe, son moins de force, sa timidité naturelle, son penchant à croire aux prestiges, aux sortilèges ; tant d'autres qualités qui, tenant purement au premier âge de la vie, prouvent que sa nature est plus faite pour vivre avec l'enfance, que pour être en commerce continuel avec un être mâle destiné à une énergie d'action et de pensée ; d'après cela, il est indubitable,

---

(1) Si, d'après leur noble coutume et comme ils ont déjà commencé, les Français laissent en Italie les femmes se répandre dans la société, elles contracteront, avec les vices de leurs climats, ceux du nôtre, et l'on verra alors le désordre qui en résultera.

(2) Les femmes ne doivent avoir que l'éducation relative aux emplois, auxquels la nature les a destinées : leur fonction la plus importante, après avoir été épouses vertueuses, est d'être mères. Est-il un devoir qui puisse l'emporter sur celui-là ! Les écrivains qui ont voulu les admettre à l'éducation des hommes, étoient des imposteurs qui sacrifioient la vérité au desir de complaire à ce sexe.

qu'à l'instant où les femmes parviendront à influencer la société, l'homme perdra son caractère original; qu'on ne jugera plus dans cette société qu'à la manière des enfans; que des joujoux, des modes l'emporteront sur les matières les plus graves; que le bel esprit y prendra la place du bon esprit, la frivolité celle de la raison; que les dehors, les graces de la personne y seront préférés au mérite véritable, et que la sagesse et la vertu y seront toujours tournées en ridicule; la jeunesse alors prendra le pas sur l'âge viril, et la vieillesse y sera méprisée; le mal ne s'arrêtera pas là: l'intrigue décidera des talens, et les Cotins et les Pradons seront couronnés par les belles, tandis que les Despréaux et les Racines, resteront plongés dans le plus profond oubli.

(C'est par ces plats bouffons que le faux ridicule).

« Il semble que l'on ne puisse rire que des choses ridicules: l'on
» voit néanmoins de certaines gens qui rient également des choses
» ridicules, et de celles qui ne le sont pas; si vous êtes sot et in-
» considéré et qu'il vous échappe devant eux quelqu'impertinence,
» ils rient de vous; si vous êtes sage et que vous ne disiez que des
» choses raisonnables et du ton qu'il faut les dire, ils rient de
» même ». LABRUYÈRE.

(Le ressort du commerce et des beaux arts, etc.)

Il n'est pas vrai que le luxe soit l'ame du commerce; les peuples du monde les plus fameux dans cette partie, ont été sobres et économes. Le luxe fomente les passions, engendre la mollesse et la dégradation de l'espèce humaine; il accable d'un fardeau énorme l'habitant de la campagne, pour nourrir l'ouvrier du luxe des grandes villes; il appelle dans nos cités les robustes enfans des hameaux, qui, bientôt séduits par les besoins factices, renoncent à la tempérence et désertent la charrue de leurs aïeux, pour s'entasser dans des murs infects, séjour des vices, des maladies, et de tous les maux de l'humanité. Ah! que la première innocence de l'homme est supérieure au luxe trompeur, qui, nous entourant d'une richesse factice, nous plonge par degré et sans retour, dans une pauvreté réelle!

(L'infâme rachitis, fils de l'intempérance)

Le rachitis ou rakitis, attaque ordinairement les enfans des personnes qui ont vécu dans la débauche, ou qui habitent les lieux mal sains; cette maladie reconnoît pour cause un vice qui s'attache principalement à la substance nourricière de la charpente humaine; dans cet état les os s'amollissent et se courbent. Les Anglais qui se glorifient de tout, prétendent que cette maladie, originaire de leurs provinces occidentales, remonte à peine au seizième siècle; mais le célèbre Portal rabaisse un peu leur orgueil national, en leur prouvant qu'elle a une origine beaucoup plus ancienne, et qu'elle est de tous les climats; témoins, les bossus et les tortus fameux dans l'antiquité. Ne pouvant rapporter ici les excellentes raisons qu'il allègue, je renvoie le lecteur à son ouvrage sur Rachitis.

(Avant d'être séduit vous courez nous séduire)

Les femmes et les sots, leurs fidèles complaisans, répètent à qui veut les entendre, que les torts sont du côté des hommes, que ce sont eux qui les attaquent; assurément on ne peut pas plus mal raisonner; car si les femmes n'employoient pas tout le manège de la coquetterie, pour allumer les desirs; si elles ne provoquoient pas les hommes par les regards; si elles ne se montroient pas en tous lieux; si elles ne se jettoient pas sur leur passage, qui songeroit à elles (1) ? Quel est le but de leur ajustement, de tant de soins pour paroître même ce qu'elles ne sont pas ? Quand elles sortent avec un attirail si indécent, la ruine de leur maison, qui veulent-elles séduire ? Je le dis sans détour; toute femme qui met une épingle pour plaire à tout autre que son époux, est déjà perdue.

(A d'un hôte sauveur déshonoré la couche).

Combien de monstres se sont fait un jeu de séduire la fille, ou de ravir l'épouse de l'homme qui leur avoit offert un asile sous son toît protecteur ! Mirabeau en est un exemple.

(Mais l'épouse adultère assassine les mœurs).

Cette idée est la conséquence de ce que j'ai déjà avancé ; c'est que la vraie source de la corruption est dans l'hymen. Extirpez

____

(1) C'est-à-dire que chacun s'en tiendroit à son épouse, ce qui rétabliroit la nécessité du mariage et extirperoit pour jamais le célibat.

la cause, l'effet disparoîtra ; n'ayez plus d'épouses coupables, vous n'aurez plus de célibataires; et le nombre des filles publiques, celui des courtisanes que l'orgueil et la sottise des Crésus entretiennent, diminuera insensiblement et sera bientôt réduit à *zéro* , sur-tout s'il n'y a que les épouses vertueuses et reconnues pour telles, distinguées par un costume , qui soient protégées spécialement par les loix , et environnées d'un grand respect, comme je le dirai plus bas. Les filles ne sont tenues à rien, parce qu'elles n'ont point encore contracté d'engagement; les épouses doivent tout au contraire au devoir de l'hymen (1) et à la société, dont le lien est dissout par leur manque de foi; aussi dans les pays où règnent les mœurs, les filles ont la plus grande liberté, et les femmes y sont retirées au sein de leur ménage: dans les pays corrompus l'usage inverse est établi. On sent la raison de cette différence ; dans le premier cas, les filles, amantes avec franchise, ne contractent d'engagemens que pour les respecter; dans le second cas, hypocrites et déjà dépravées, elles ne se soumettent à des devoirs que pour mieux les enfreindre ; l'hymen est l'époque de leur licence, comme, chez les premières, il est le commencement d'une vie douce et vertueuse.

(L'orgueil de tout dompter feroit-il son bonheur ?)

J'entends sans cesse bourdonner à mon oreille ces plattes jérémiades de nos galantins français : « Voulez-vous faire le malheur » d'un sexe pour l'avantage de l'autre ? quoi ! les femmes n'ont- » elles pas les mêmes droits à la liberté et aux plaisirs que nous ? » serons-nous éternellement leurs tyrans ? s'en méfier, ce n'est pas » les estimer. etc. etc. » En effet, elles prouvent par leur conduite,

____

(1) La jeunesse des femmes est extrémement passagère, les maladies particulières à leur sexe, leur couches et tant d'autres causes concourent tellement à flétrir leurs charmes, que l'éclat et la fraîcheur de leur printemps sont bientôt dissipés; ajoutez à cela, l'embarras de leurs enfans, charge énorme relativement à leur foiblesse. Toutes ces considérations ont déterminé la société à instituer l'hymen, qui lie un homme à toutes les charges et les incommodités d'une femme. L'homme qui, sans ce lien seroit libre, et pourroit promener ses vœux d'objets en objets, sans avoir d'embarras, est donc enchaîné par ce même lien. Hé bien, qui diroit que l'hymen, établi pour protéger les femmes, est détruit par les femmes ?

C 4

nos aimables Françaises, combien elles sont dignes de notre estime et de notre confiance. Je ne nie pas qu'elles aient le même droit à la liberté que nous ; mais qu'est-ce qu'une liberté qui dégénère en licence ; j'appelle licence (1), la violation de tous les devoirs et de toutes les loix ; j'appelle licence, l'outrage qu'elles font en tous lieux à la pudeur, à l'hymen, à leur famille et à leurs époux. Elles s'irritent de la contrainte, et elles abusent de la confiance que les loix ont en elles. Sans doute elles ont le même droit que nous aux plaisirs ; mais où vont-elles les chercher ces plaisirs ? est-ce dans un monde étranger peuplé de corrupteurs et de faux amis, dont les jouissances factices ne font que les étourdir, sans jamais émouvoir leur cœur ? Au sein de la dissipation, du luxe et des fêtes, un vide affreux les entoure, elles n'y trouvent souvent que les dégoûts et les remords ; le mépris et la honte sont le salaire de cette vie licencieuse et criminelle. La source inaltérable de l'allégresse est au sein de la nature. C'est dans la pratique de ses devoirs que la femme vertueuse trouve sa récompense (2), son cœur est doucement ému à l'aspect de ses enfans ; l'amour, l'amitié, s'unissent ensemble pour lui préparer des jours heureux et purs. Ah ! les plaisirs trompeurs du monde avoient presque anéanti l'amour maternel ; mais il s'est réveillé à la voix d'un écrivain énergique, les femmes ont senti leurs entrailles tressaillir, les cris de l'enfance ont surpris leur oreille attentive et inquiette, le premier pas est fait ; ô femmes ! osez être mères, et les mœurs sont sauvées.

---

(1) Je prends avec une femme l'engagement de la soulager dans ses maux, de reconnoître ses enfans pour les miens ; et elle, celui d'être décente et retenue, de ne point se prostituer à d'autres hommes ; et la première chose qu'elle fait, c'est de violer tous ses engagemens, et elle prétend encore que je respecte les miens. Cette première violation des devoirs sociaux, est la source de tous les autres ; elle est de la part des femmes, la licence la plus scandaleuse dont on puisse donner l'exemple. Chez un peuple accoutumé à se jouer de ce manquement de foi, comment les autres engagemens seront-ils respectés ! On s'y jouera de tout, de l'honneur, de la probité ; alors plus de principes, alors plus de corps politique.

(2) J'ai vu des femmes que ce sentiment sublime a fait redevenir épouses vertueuses et sensibles.

(Court, souffle la ruine et la destruction)

Il n'est pas d'homme un peu réfléchi qui ne soit convaincu d'une vérité : c'est que le désordre des femmes n'ait été la cause éloignée de la révolution ; leur luxe, leur toilette, leurs jeux immodérés, leurs intrigues sourdes, ont épuisé à la fois les trésors de l'état et brisé les ressorts de la machine politique. Deux règnes conduits par des courtisanes ; le dernier, par une femme dispensatrice de toutes les graces, souveraine des modes et du bon ton, et protectrice des travers de la ville et de la cour, ont dû amener nécessairement la chûte du royaume le plus florissant de l'Europe ; ainsi périront toutes les monarchies opulentes qui portent le germe de leur destruction dans leur sein ; car, comme l'a avancé Mr. de Montesquieu, dans son livre immortel de l'esprit des loix :

« Les femmes ont peu de retenue dans les monarchies, parce » que les distinctions des rangs les appellent à la cour, elles y vont » prendre cet esprit de liberté, qui est à-peu-près le seul qu'on » tolère ; chacun se sert de leurs agrémens et de leurs passions pour » avancer sa fortune (1) ; et comme leur foiblesse ne leur permet » pas l'orgueil, mais la vanité, le luxe y règne toujours avec elles ».

Et plus bas :

« Dans les républiques, les femmes sont libres par les loix et » captivées par les mœurs, le luxe en est banni et avec lui la cor- » ruption et les vices ».

Mr. de Montesquieu, qu'on a peint comme un des plus grands apôtres de la monarchie, poúvoit-il faire une plus forte satire de ce gouvernement ? C'est donc les dépenses excessives de la cour, les dilapidations des fortunes publiques et particulières, occasionnées par l'inconduite des femmes, qui nous ont conduit dans le précipice. Aussi, je ne vois pas un de ces êtres impudiques, orgueilleux de son faste, et de certain air qu'on appelle le ton de *la bonne compagnie* ; je n'en vois pas un, dis-je, que mon cœur ne se sou-

---

(1) Ici je me trouve entièrement d'accord avec Mr. de Montesquieu, les femmes sont donc l'instrument de l'intrigue ; qui poussent-elles ! les hommes de mérite ! — Non, mais les hommes à tournures : ces belles statues à qui la nature à tout donné, hors l'esprit, le bon sens et les qualités du cœur.

lève, et que l'indignation ne s'empare de tous mes sens ; oui, tant que les femmes auront en France une pareille influence, on n'aura point de gouvernement stable. Elles ont été dans l'ancien régime les instrumens de la révolution, elles sont dans celui-ci, les instrumens de la contre-révolution (1), et cela, par inconséquence, légéreté ; je dirai pis encore, par mode, par mode !... Hommes qui avez une lueur de raison, entendez-vous la force de ce mot ; vous êtes donc les éternels jouets des fantaisies impérieuses et passagères, les esclaves de ses loix versatiles et ridicules ! et vous vous dites philosophes !

> (Oui, oui, les bonnes mœurs, n'en déplaise à nos dames,
> Sont dans tous les pays entre les mains des femmes).

C'est une vérité incontestable, lorsque les femmes sont retirées chez elles, appliquées à leurs devoirs, qu'elles ne courent pas après des plaisirs factices qui ne font que les étourdir, il existe des mœurs ; mais quand elles sont frappées du vertige de tout enchaîner à leur char, qu'elles se répandent dans la société, qu'elles emploient les secrets les plus rafinés de la coquetterie pour plaire aux hommes, dans ce tableau indécent des deux sexes mêlés ensemble (2), il n'existe plus de mœurs ; l'égoïsme et les vices sont substitués à la vertu. Pour rétablir la vertu, il faut donc forcer les femmes à la réserve, à la pudeur, si elles n'ont pas assez de bon

---

(1) Elles ont raffolé de Diderot, de Dalembert, de J. J., de Franklin, les encyclopédistes ont été long-tems substitués aux petits-maîtres, aux abbés : aujourd'hui, au contraire, elles se déchaînent avec fureur contre ces illustres personnages ; la philosophie et la raison sont, selon elles, une hérésie politique. Elles vous appellent *monsieur* avec affectation, uniquément pour contrarier la république, qui n'est plus de mode ; que la monarchie revienne, elles vous appelleront *citoyen*.

(2) Les femmes doivent vivre entr'elles, et les hommes entr'eux, comme dans tous les pays libres. Je sais que les hommes en seront moins galans, moins aimables, mais ils en seront plus francs, plus vertueux, et cessant d'être accolés en tous lieux avec des êtres frivoles, ils reprendront leur caractère et redeviendront hommes ; les cercles du grand monde, les élégans, ces êtres dégradés et le mépris des deux sexes, y pourront perdre ; mais la probité y gagnera ; en faut-il davantage ! que de divorces particuliers écartés par ce divorce général !

sens pour s'y porter d'elles-mêmes. Toutes ces considérations doivent réveiller le législateur et l'engager à corriger le vice qui nous reste de la monarchie, et qui, selon Montesquieu, ainsi que nous l'avons remarqué plus haut, est inséparable de ce gouvernement.

(Leur jeu va déployer les élans sur la scène)

Ce projet est évanoui ; des Midas se sont encore mêlés de cette affaire (1). Il est bon d'avertir le public que des êtres désespérés de ne pouvoir rien produire, furieux de la stérilité des leurs idées, de leur peu d'élans, s'acharnent sur les hommes qui passent une partie de leur vie dans la solitude, à réfléchir ou à composer. Quand l'homme studieux travaille dans le silence du cabinet, ces insectes, aussi vils que rampans, intriguent secrettement, se glissent par-tout, chez les journalistes, chez les hommes de lettres en réputation, chez les actrices dont ils adulent les vices, chez les comédiens qu'ils enivrent des plus grossiers éloges ; de-là, ils nuisent à tout ce qui se présente. Je dénoncerai dans ma première satire contre les Midas modernes, les noms de ces messieurs ; qu'ils jouissent bien, en attendant, du triomphe passager de leur basse malignité.

(Et sachez à l'époux garantir ses enfans).

N'est-ce pas une ironie d'avoir arrêté que l'enfant d'une femme mariée avec tel individu, appartiendroit à cet individu, tandis qu'on ne lui a pas donné les moyens de s'assurer de la vérité de ce fait ? C'est ici qu'on voit combien il importe à l'ordre social, au maintien des propriétés, de contenir les-femmes, et de les retenir chez elles, entièrement livrées aux devoirs d'épouses et de mères : un usage contraire ne peut que jetter de la méfiance sur leur conduite, et leur mériter le mépris et l'abandon de leurs époux. En France, il est des femmes assez délirantes pour s'autoriser de leurs excès sur l'exemple de leurs maris, pour se dire en droit d'imiter leurs infidélités. On sent trop l'absurdité de ce

____

(1) Je n'ai point à me plaindre des comédiens, ils ont mis tout le zèle possible dans cette affaire, malgré mes anciens démêlés avec eux, mais c'est de mes chers confrères, les auteurs de métier et non de génie, à qui je dois cette petite gentillesse ; mais je les retrouverai en tems et lieu.

raisonnement pour le réfuter ; il prouve seulement jusqu'à quel point le cœur, la raison et la morale sont dépravés dans ce pauvre pays.

(Et qui va de l'hymen affronter l'esclavage)

J'entends sans cesse vomir des lieux-communs sur le célibat et le divorce. Je le demande, est-il un être pourvu de quelque bon sens, qui puisse se marier dans un pays corrompu, et courir le hasard d'épouser la catin et les bâtards des autres ? quoi donc ! n'y a-t-il pas, va-t-on s'écrier, quelques femmes honnêtes ? — Qui le nie ? mais peut-on garantir qu'un homme d'un excellent tempérament, jetté dans un pays où règne la peste, ne soit infecté au bout de quatre jours ; n'est-ce pas une folie d'en courir les ris-ques ? Eh ! qui ne desire de posséder une compagne douce, sensible, qui partage vos plaisirs et vos peines, qui vous fasse revivre en des rejetons, gages de vos amours ? Mais d'un autre côté, qui osera, en voyant la licence des femmes du siècle ; qui osera, dis-je, troquer sa tranquillité contre le hasard d'avoir à sa suite une compagne traînant le désordre et le vice après elle ; dont le luxe indécent et scandaleux vous ruinera, et dont les intrigues vien-dront empoisonner de l'horreur des soupçons les baisers que vous donnerez à vos enfans. Dans un pays où les femmes appartiennent à tout le monde, on n'en peut épouser une, sans être en démence. Législateurs, faites des loix contre la licence des femmes, et vous extirperez le germe du célibat. Quant au divorce, il est sage, il est indispensable ; dans l'état de dissolution où se trouve la société, il est un remède extrême contre un mal plus grand encore. Dans un tems où règnent les mœurs, on peut le laisser, car on en fait si rarement usage, qu'il est plutôt avantageux qu'abusif.

(Pour les arts, la science outrage la pudeur)

Si j'ai blamé l'influence des femmes dans la société, je dois encore plus m'élever contre leur prétention dans les arts, les sciences, qui les écartent des devoirs sacrés de leur sexe, qui les mettent en rapport avec d'autres hommes que leurs maris, qui leur donnent le desir de figurer hardiment en public, tandis qu'elles sont faites pour la réserve et la modestie.

(Et qu'on y lise écrit : Respect à la vertu).

La vertu doit être respectée , il n'y a que la considération et les égards qui pourront la ranimer et la tirer de pair. Pour cela , il ne faut pas qu'elle soit confondue avec le vice ; je veux, que distinguée par un costume , elle soit remarquée de tous les hommes dont elles commandera les respects ; je veux, que toute femme indigne de porter ces marques honorables, se lève à son aspect , que les hommes la saluent, enfin qu'elle soit entourrée des plus grands honneurs. Mais que dans les lieux publics on ait les mêmes égards pour l'épouse vertueuse que pour la femme prostituée, c'est une infamie qui sera toujours la source du découragement et de la corruption. Quand les intrigans, les gens nuls, cesseront de l'emporter sur les penseurs, lorsque l'on ne mettra plus en avant les hommes qui n'ont que des lieux-communs dans la tête, lorsque je serai à ma place, j'énoncerai mes idées sur cet objet, mais ce n'est qu'au peuple que j'en dois compte, c'est à la tribune nationale que je veux les développer. Voyons si le peuple Français, après s'être fait libre, aura le courage de devenir vertueux.

(Les faubourgs ont vomi soldats contre soldats)

On ne peut se dissimuler une grande vérité, c'est que, si on ne se hâte de moraliser le peuple, avec les principes qu'on lui a donnés , tôt ou tard, il ne cherche à jouir de sa souveraineté ; et comme les idées métaphysiques se confondent aisément dans sa tête, il n'est pas douteux que souveraineté et propriété ne lui paroissent être la même chose. D'après ce principe, le premier séditieux qui voudra le mettre en avant, se servira de ce prétexte, et qui sait, dans cette hypothèse, où il s'arrêtera ? On voit donc combien il est indispensable d'instruire le peuple, de rectifier et ses idées et sa morale. Si les petits hommes ont besoin d'être éclairés, on ne doit pas moins travailler à l'éducation des grands enfans (1); sans cela le corps politique avant dix ans est entièrement dissout ; législateurs ! c'est encore votre ouvrage.

----

(1) Les fêtes décadaires que le corps législatif vient si sagement d'instituer, peuvent être destinées à l'instruction des grandes personnes ; elle se

Notes oubliées.

(Leur donner pour tombeaux leurs avides entrailles).

Ce n'est pas sous le rapport politique que j'ai considéré cette journée, mais sous le rapport des mœurs qui devoient écarter les femmes de ces scènes sanglantes.

(Mais quittons nos climats pour les bords helvétiques) :

Il n'est question ici que des petites républiques démocratiques et non de Berne, de Genève, de Lausanne, etc., citées pour le moins aussi corrompues que Paris.

(Frappez du même arrêt et l'enfant et la mère).

C'est à tort que l'on m'a reproché ce principe, car dès l'instant que l'épouse se comporte mal, elle doit par la loi être répudiée (1); et son enfant, si elle l'a eu après l'époque de son désordre, ne peut être regardé comme légitime (2) ; si elle l'a eu avant, alors il appartient au mari.

---

réduira à ces principes : faire sentir au peuple que son intérêt est toujours lié à la vertu et aux devoirs du citoyen ; mais pour qu'il comprenne mieux cette grande vérité, épargnez-lui le spectacle de l'extrême misère, à côté de l'extrême richesse.

(1) Voilà la distinction à faire : la femme, en cas de mécontentement grave, demandera le divorce. Le mari dans le cas d'inconduite prouvée de la part de sa femme, demandera la répudiation. L'épouse divorcée sera au nombre des femmes vertueuses ; et la répudiée sera rangée dans la classe des femmes flétries.

(2) C'étoit une loi atroce que celle qui défendoit à un père, dans l'ancien régime, de tester en faveur de son fils naturel ; c'en est une immorale, que celle qui permet à un fils né hors du mariage d'aller, sans l'aveu du père, partager sa fortune avec les héritiers légitimes. Dans le premier cas, la nature étoit sacrifiée à l'ambition ; dans le second, la vertu l'est aux desirs effrénés du vice. Législateurs, c'est à vous de prendre un milieu qui ne blesse ni la nature ni la vertu.

Note communiquée sur le luxe.

Il ne faut pas entendre par luxe toute sorte de jouissances, pas même de certaines jouissances, inconnues des peuples à moitié civilisés. Ce qui seroit un luxe énorme chez les nègres de la Guinée, ne fait pas même le nécessaire d'un Français ou d'un Anglais. La civilisation ne fait des progrès que parce que les besoins se multiplient, vouloir arrêter ce progrès des besoins, ce seroit arrêter celui des facultés et des richesses.

Mais il est un autre luxe extrêmement funeste, c'est celui qui consacre à des jouissances stériles les épargnes qu'on devroit consacrer aux progrès de l'industrie agricole et manufacturière, et à la réproduction des richesses nationales. C'est l'amas de ces épargnes qui constitue la richesse d'une nation ; si elles diminuent, les avances décroissent et la richesse publique dépérit.

L'esprit de prodigalité est donc diamétralement opposé aux progrès des richesses nationales. Il n'est pas possible de faire de grandes entreprises soit agricoles, soit commerciales, soit industrielles, dans un pays où les particuliers ont pris la folle habitude de se ruiner pour des colifichets. Et dans un pays qui s'appauvrit, tous les vices et tous les crimes deviennent communs.

Les privilèges sont un grand encouragement pour ce luxe funeste; c'en est un aussi que le systême commercial qui subordonne au commerce extérieur le commerce intérieur, et à l'industrie du luxe l'insdustrie agricole.

Mais ce qui, sur-tout, étend ce funeste esprit de prodigalité, c'est de faire de la guerre étrangère un objet de spéculation, pour les fortunes des particuliers. Une république où les citoyens peuvent piller les peuples étrangers, ne sauroit durer long-tems; c'est le luxe, suitedu même abus, qui perdit Rome.